Date: _____ Teacher Comments: _____

_____

Goal for Every Day: _____

Practice Log (minutes practiced every day) Goal for the Week: _____

MON.	TUES.	WED.	THUR.	FRI.	SAT.	SUN.	TOTAL

Parent signature (if applicable) _____

D1371565

Lesson Assignment: Other Pieces:

_____   _____

_____   _____

_____   _____

_____   _____

_____   _____

_____   _____

Technique: _____

_____   _____

_____   _____

_____   _____

Theory: **For the Student:**

_____   **1. My favorite piece(s) this week is/are:**

_____   _____

Sight-Reading: _____

_____   **2. I practiced my technique assignment:**

_____ | M | T | W | TH | F | Sat | Sun |

Other: | — | — | — | — | — | — | — |

_____

_____

FJH1776

Date: _____

Teacher Comments: _____

_____

Goal for Every Day: _____

Goal for the Week: _____

Practice Log (minutes practiced every day)

MON.	TUES.	WED.	THUR.	FRI.	SAT.	SUN.	TOTAL

Parent signature (if applicable) _____

Lesson Assignment:

_____

_____

_____

_____

_____

Technique:

_____

_____

_____

_____

Theory:

_____

_____

Sight-Reading:

_____

_____

Other:

_____

_____

Other Pieces:

_____

_____

_____

_____

_____

_____

_____

_____

For the Student:

1. My favorite piece(s) this week is/are:

_____

_____

_____

2. I practiced my technique assignment:

M	T	W	TH	F	Sat	Sun
___	___	___	___	___	___	___

FJH1776

Date: _____　　**Teacher Comments:** _____

_____

Goal for Every Day: _____

Practice Log (minutes practiced every day)　　**Goal for the Week:** _____

MON.	TUES.	WED.	THUR.	FRI.	SAT.	SUN.	TOTAL

Parent signature (if applicable) _____

Lesson Assignment:

_____

_____

_____

_____

_____

Technique:

_____

_____

_____

Theory:

_____

_____

Sight-Reading:

_____

_____

Other:

_____

Other Pieces:

_____

_____

_____

_____

_____

_____

For the Student:

1. My favorite piece(s) this week is/are:

_____

_____

_____

2. I practiced my technique assignment:

M	T	W	TH	F	Sat	Sun
___	___	___	___	___	___	___

FJH1776

Date: _____   **Teacher Comments:** _____

_____

Goal for Every Day: _____

Goal for the Week: _____

MON.	TUES.	WED.	THUR.	FRI.	SAT.	SUN.	TOTAL

Parent signature (if applicable) _____

Lesson Assignment:

_____

_____

_____

_____

_____

_____

Technique:

_____

_____

_____

_____

Theory:

_____

_____

Sight-Reading:

_____

_____

Other:

_____

_____

_____

Other Pieces:

_____

_____

_____

_____

_____

_____

_____

_____

_____

For the Student:

1. My favorite piece(s) this week is/are:

_____

_____

2. I practiced my technique assignment:

M	T	W	TH	F	Sat	Sun
__	__	__	__	__	__	__

Date: _____

Teacher Comments: _____

_____

Goal for Every Day: _____

Practice Log (minutes practiced every day)

Goal for the Week: _____

MON.	TUES.	WED.	THUR.	FRI.	SAT.	SUN.	TOTAL

Parent signature (if applicable) _____

Lesson Assignment:

_____

_____

_____

_____

_____

Other Pieces:

_____

_____

_____

_____

_____

_____

Technique:

_____

_____

_____

_____

Theory:

_____

_____

For the Student:

1. My favorite piece(s) this week is/are:

_____

_____

_____

Sight-Reading:

_____

_____

2. I practiced my technique assignment:

M	T	W	TH	F	Sat	Sun

Other:

_____

_____

FJH1776

Date: _____

Teacher Comments: _____

_____

Goal for Every Day: _____

Practice Log (minutes practiced every day)

Goal for the Week: _____

MON.	TUES.	WED.	THUR.	FRI.	SAT.	SUN.	TOTAL

Parent signature (if applicable) _____

Lesson Assignment:

_____

_____

_____

_____

_____

_____

Technique:

_____

_____

_____

Theory:

_____

_____

Sight-Reading:

_____

_____

Other:

_____

_____

_____

Other Pieces:

_____

_____

_____

_____

_____

_____

_____

For the Student:

1. My favorite piece(s) this week is/are:

_____

_____

_____

2. I practiced my technique assignment:

M	T	W	TH	F	Sat	Sun
__	__	__	__	__	__	__

FJH1776

Date: _____ **Teacher Comments:** _____

_____

Goal for Every Day: _____

Practice Log (minutes practiced every day)

Goal for the Week: _____

MON.	TUES.	WED.	THUR.	FRI.	SAT.	SUN.	TOTAL

Parent signature (if applicable) _____

Lesson Assignment:

_____

_____

_____

_____

_____

Other Pieces:

_____

_____

_____

_____

_____

_____

_____

Technique:

_____

_____

_____

_____

Theory:

_____

_____

For the Student:

1. My favorite piece(s) this week is/are:

_____

_____

_____

Sight-Reading:

_____

_____

2. I practiced my technique assignment:

M	T	W	TH	F	Sat	Sun
___	___	___	___	___	___	___

Other:

_____

_____

_____

FJH1776

Date: _____

Teacher Comments: _____

_____

Goal for Every Day: _____

Practice Log (minutes practiced every day)							
MON.	TUES.	WED.	THUR.	FRI.	SAT.	SUN.	TOTAL

Goal for the Week: _____

Parent signature (if applicable) _____

Lesson Assignment:

_____

_____

_____

_____

_____

_____

Technique:

_____

_____

_____

_____

Theory:

_____

_____

Sight-Reading:

_____

_____

Other:

_____

_____

_____

Other Pieces:

_____

_____

_____

_____

_____

_____

_____

_____

For the Student:

1. My favorite piece(s) this week is/are:

_____

_____

_____

2. I practiced my technique assignment:

M	T	W	TH	F	Sat	Sun
___	___	___	___	___	___	___

FJH1776

Date: _____

_____

Goal for Every Day: _____

Practice Log (minutes practiced every day)

Goal for the Week: _____

MON.	TUES.	WED.	THUR.	FRI.	SAT.	SUN.	TOTAL

Parent signature (if applicable) _____

Lesson Assignment:

_____

_____

_____

_____

_____

Technique:

_____

_____

_____

Theory:

_____

_____

Sight-Reading:

_____

_____

Other:

_____

_____

Other Pieces:

_____

_____

_____

_____

_____

_____

_____

For the Student:

1. My favorite piece(s) this week is/are:

_____

_____

_____

2. I practiced my technique assignment:

M	T	W	TH	F	Sat	Sun
___	___	___	___	___	___	___

Date: _____   **Teacher Comments:** _____

_____

Goal for Every Day: _____

Practice Log (minutes practiced every day)   **Goal for the Week:** _____

MON.	TUES.	WED.	THUR.	FRI.	SAT.	SUN.	TOTAL

Parent signature (if applicable) _____

Lesson Assignment:

_____

_____

_____

_____

_____

_____

Technique:

_____

_____

_____

_____

Theory:

_____

_____

Sight-Reading:

_____

_____

Other:

_____

_____

_____

Other Pieces:

_____

_____

_____

_____

_____

_____

_____

_____

_____

For the Student:

1. My favorite piece(s) this week is/are:

_____

_____

2. I practiced my technique assignment:

M	T	W	TH	F	Sat	Sun
___	___	___	___	___	___	___

FJH1776

Date: _____

Teacher Comments: _____

Goal for Every Day: _____

Practice Log (minutes practiced every day)

Goal for the Week: _____

MON.	TUES.	WED.	THUR.	FRI.	SAT.	SUN.	TOTAL

Parent signature (if applicable) _____

Lesson Assignment:

_____

_____

_____

_____

_____

Technique:

_____

_____

_____

_____

Theory:

_____

_____

Sight-Reading:

_____

_____

Other:

_____

_____

_____

Other Pieces:

_____

_____

_____

_____

_____

_____

_____

For the Student:

1. My favorite piece(s) this week is/are:

_____

_____

_____

2. I practiced my technique assignment:

M	T	W	TH	F	Sat	Sun
___	___	___	___	___	___	___

FJH1776

Date: _____ **Teacher Comments:** _____

_____

Goal for Every Day: _____

Practice Log (minutes practiced every day)

Goal for the Week: _____

MON.	TUES.	WED.	THUR.	FRI.	SAT.	SUN.	TOTAL

Parent signature (if applicable) _____

Lesson Assignment:

_____

_____

_____

_____

_____

_____

Technique:

_____

_____

_____

_____

Theory:

_____

_____

Sight-Reading:

_____

_____

Other:

_____

_____

_____

Other Pieces:

_____

_____

_____

_____

_____

_____

_____

_____

_____

For the Student:

1. My favorite piece(s) this week is/are:

_____

_____

_____

2. I practiced my technique assignment:

M	T	W	TH	F	Sat	Sun
__	__	__	__	__	__	__

FJH1776

Date: _____   **Teacher Comments:** _____

_____

Goal for Every Day: _____

Practice Log (minutes practiced every day)   **Goal for the Week:** _____

MON.	TUES.	WED.	THUR.	FRI.	SAT.	SUN.	TOTAL

Parent signature (if applicable) _____

Lesson Assignment:

_____

_____

_____

_____

_____

Technique:

_____

_____

_____

_____

Theory:

_____

_____

Sight-Reading:

_____

_____

Other:

_____

_____

Other Pieces:

_____

_____

_____

_____

_____

_____

_____

For the Student:

1. My favorite piece(s) this week is/are:

_____

_____

2. I practiced my technique assignment:

M	T	W	TH	F	Sat	Sun
__	__	__	__	__	__	__

FJH1776

Date: _____   Teacher Comments: _____

_____

Goal for Every Day: _____

Practice Log (minutes practiced every day)   Goal for the Week: _____

MON.	TUES.	WED.	THUR.	FRI.	SAT.	SUN.	TOTAL

Parent signature (if applicable) _____

Lesson Assignment: **Other Pieces:**

_____   _____

_____   _____

_____   _____

_____   _____

_____   _____

Technique: _____

_____   _____

_____   _____

_____

Theory: **For the Student:**

_____

_____   **1. My favorite piece(s) this week is/are:**

Sight-Reading: _____

_____   _____

_____   _____

Other: **2. I practiced my technique assignment:**

_____   M   T   W   TH   F   Sat   Sun

_____   __   __   __   __   __   __   __

Date: _____

Teacher Comments: _____

_____

Goal for Every Day: _____

Practice Log (minutes practiced every day)

Goal for the Week: _____

MON.	TUES.	WED.	THUR.	FRI.	SAT.	SUN.	TOTAL

Parent signature (if applicable) _____

Lesson Assignment:

_____

_____

_____

_____

_____

Technique:

_____

_____

_____

Theory:

_____

Sight-Reading:

_____

_____

Other:

_____

_____

Other Pieces:

_____

_____

_____

_____

_____

_____

_____

For the Student:

1. My favorite piece(s) this week is/are:

_____

_____

2. I practiced my technique assignment:

M	T	W	TH	F	Sat	Sun
___	___	___	___	___	___	___

FJH1776

Date: _____ **Teacher Comments:** _____

_____

Goal for Every Day: _____

Practice Log (minutes practiced every day)

Goal for the Week: _____

MON.	TUES.	WED.	THUR.	FRI.	SAT.	SUN.	TOTAL

Parent signature (if applicable) _____

Lesson Assignment:

_____

_____

_____

_____

_____

Other Pieces:

_____

_____

_____

_____

_____

_____

_____

Technique:

_____

_____

_____

Theory:

_____

_____

Sight-Reading:

_____

_____

Other:

_____

_____

For the Student:

1. My favorite piece(s) this week is/are:

_____

_____

_____

2. I practiced my technique assignment:

M	T	W	TH	F	Sat	Sun
__	__	__	__	__	__	__

Date: _____   **Teacher Comments:** _____

_____

Goal for Every Day: _____

Practice Log (minutes practiced every day)

Goal for the Week: _____

MON.	TUES.	WED.	THUR.	FRI.	SAT.	SUN.	TOTAL

Parent signature (if applicable) _____

Lesson Assignment:

_____

_____

_____

_____

_____

_____

Technique:

_____

_____

_____

_____

Theory:

_____

_____

Sight-Reading:

_____

_____

Other:

_____

_____

_____

Other Pieces:

_____

_____

_____

_____

_____

_____

_____

_____

For the Student:

1. My favorite piece(s) this week is/are:

_____

_____

_____

2. I practiced my technique assignment:

M	T	W	TH	F	Sat	Sun
__	__	__	__	__	__	__

FJH1776

Date: _____

_____

Goal for Every Day: _____

Practice Log (minutes practiced every day)

Goal for the Week: _____

MON.	TUES.	WED.	THUR.	FRI.	SAT.	SUN.	TOTAL

Parent signature (if applicable) _____

Lesson Assignment:

_____

_____

_____

_____

_____

_____

Technique:

_____

_____

_____

Theory:

_____

_____

Sight-Reading:

_____

_____

Other:

_____

_____

_____

Other Pieces:

_____

_____

_____

_____

_____

_____

_____

_____

For the Student:

1. My favorite piece(s) this week is/are:

_____

_____

_____

2. I practiced my technique assignment:

M	T	W	TH	F	Sat	Sun
___	___	___	___	___	___	___

FJH1776

Date: _____   **Teacher Comments:** _____

_____

Goal for Every Day: _____

Practice Log (minutes practiced every day)   **Goal for the Week:** _____

MON.	TUES.	WED.	THUR.	FRI.	SAT.	SUN.	TOTAL

Parent signature (if applicable) _____

Lesson Assignment: **Other Pieces:**

_____   _____

_____   _____

_____   _____

_____   _____

_____   _____

_____   _____

Technique: _____

_____   _____

_____   _____

_____

For the Student:

Theory:

_____   **1. My favorite piece(s) this week is/are:**

_____   _____

Sight-Reading: _____

_____   _____

_____

Other: **2. I practiced my technique assignment:**

_____ | M | T | W | TH | F | Sat | Sun |

_____   __ __ __ __ __ __ __

_____

Date: _____   **Teacher Comments:** _____

_____

Goal for Every Day: _____

Practice Log (minutes practiced every day)   **Goal for the Week:** _____

MON.	TUES.	WED.	THUR.	FRI.	SAT.	SUN.	TOTAL

Parent signature (if applicable) _____

Lesson Assignment: **Other Pieces:**

_____   _____

_____   _____

_____   _____

_____   _____

_____   _____

_____   _____

Technique: _____

_____   _____

_____   _____

_____

Theory:

_____   **For the Student:**

_____   **1. My favorite piece(s) this week is/are:**

Sight-Reading: _____

_____   _____

_____   _____

Other: **2. I practiced my technique assignment:**

_____   **M   T   W   TH   F   Sat   Sun**

_____   __ __ __ __ __ __ __

Date: _____   Teacher Comments: _____

                                 _____

                                 Goal for Every Day: _____

Practice Log (minutes practiced every day)   **Goal for the Week:** _____

MON.	TUES.	WED.	THUR.	FRI.	SAT.	SUN.	TOTAL

Parent signature (if applicable) _____

Lesson Assignment: **Other Pieces:**

_____   _____

_____   _____

_____   _____

_____   _____

_____   _____

_____   _____

Technique: _____

_____   _____

_____

_____

Theory:

_____   **For the Student:**

_____   **1. My favorite piece(s) this week is/are:**

Sight-Reading: _____

_____   _____

_____   _____

Other: **2. I practiced my technique assignment:**

_____   M   T   W   TH   F   Sat   Sun

_____   ___ ___ ___ ___ ___ ___   ___

Date: _____

Goal for Every Day: _____

Practice Log (minutes practiced every day)

Goal for the Week: _____

MON.	TUES.	WED.	THUR.	FRI.	SAT.	SUN.	TOTAL

Parent signature (if applicable) _____

Lesson Assignment:

_____

_____

_____

_____

_____

Technique:

_____

_____

_____

_____

Theory:

_____

_____

Sight-Reading:

_____

_____

Other:

_____

_____

Other Pieces:

_____

_____

_____

_____

_____

_____

_____

_____

For the Student:

1. My favorite piece(s) this week is/are:

_____

_____

_____

2. I practiced my technique assignment:

M	T	W	TH	F	Sat	Sun
___	___	___	___	___	___	___

FJH1776

Date: _____

Teacher Comments: _____

_____

Goal for Every Day: _____

Practice Log (minutes practiced every day)

Goal for the Week: _____

MON.	TUES.	WED.	THUR.	FRI.	SAT.	SUN.	TOTAL

Parent signature (if applicable) _____

Lesson Assignment:

_____

_____

_____

_____

_____

_____

Technique:

_____

_____

_____

_____

Theory:

_____

_____

Sight-Reading:

_____

_____

Other:

_____

_____

Other Pieces:

_____

_____

_____

_____

_____

_____

_____

_____

For the Student:

1. My favorite piece(s) this week is/are:

_____

_____

2. I practiced my technique assignment:

M	T	W	TH	F	Sat	Sun
__	__	__	__	__	__	__

FJH1776

Date: _____   **Teacher Comments:** _____

_____

Goal for Every Day: _____

Practice Log (minutes practiced every day)   **Goal for the Week:** _____

MON.	TUES.	WED.	THUR.	FRI.	SAT.	SUN.	TOTAL

Parent signature (if applicable) _____

Lesson Assignment:

_____

_____

_____

_____

_____

Technique:

_____

_____

_____

_____

Theory:

_____

_____

Sight-Reading:

_____

_____

Other:

_____

_____

Other Pieces:

_____

_____

_____

_____

_____

_____

_____

_____

For the Student:

1. My favorite piece(s) this week is/are:

_____

_____

_____

2. I practiced my technique assignment:

M	T	W	TH	F	Sat	Sun
___	___	___	___	___	___	___

FJH1776

Date: _____   **Teacher Comments:** _____

_____

Goal for Every Day: _____

| Practice Log (minutes practiced every day) | | | | | | | **Goal for the Week:** _____ |

Practice Log (minutes practiced every day)

MON.	TUES.	WED.	THUR.	FRI.	SAT.	SUN.	TOTAL

Parent signature (if applicable) _____

Lesson Assignment: **Other Pieces:**

_____   _____

_____   _____

_____   _____

_____   _____

_____   _____

_____   _____

Technique: _____

_____   _____

_____   _____

_____

_____

Theory: **For the Student:**

_____   **1. My favorite piece(s) this week is/are:**

_____   _____

Sight-Reading: _____

_____   _____

_____

Other: **2. I practiced my technique assignment:**

_____ | M | T | W | TH | F | Sat | Sun |
                                            |---|---|---|----|---|-----|-----|
_____ | __ | __ | __ | __ | __ | __ | __ |

FJH1776

Date: _____

Teacher Comments: _____

_____

Goal for Every Day: _____

Practice Log (minutes practiced every day)

Goal for the Week: _____

MON.	TUES.	WED.	THUR.	FRI.	SAT.	SUN.	TOTAL

Parent signature (if applicable) _____

Lesson Assignment:

_____

_____

_____

_____

_____

_____

Technique:

_____

_____

_____

_____

Theory:

_____

_____

Sight-Reading:

_____

_____

Other:

_____

_____

_____

Other Pieces:

_____

_____

_____

_____

_____

_____

_____

_____

For the Student:

1. My favorite piece(s) this week is/are:

_____

_____

2. I practiced my technique assignment:

M	T	W	TH	F	Sat	Sun
__	__	__	__	__	__	__

Date: _____

Teacher Comments: _____

_____

Goal for Every Day: _____

Goal for the Week: _____

Practice Log (minutes practiced every day)

MON.	TUES.	WED.	THUR.	FRI.	SAT.	SUN.	TOTAL

Parent signature (if applicable) _____

Lesson Assignment:

_____

_____

_____

_____

_____

_____

Technique:

_____

_____

_____

_____

Theory:

_____

_____

Sight-Reading:

_____

_____

Other:

_____

_____

_____

Other Pieces:

_____

_____

_____

_____

_____

_____

_____

_____

For the Student:

1. My favorite piece(s) this week is/are:

_____

_____

_____

2. I practiced my technique assignment:

M	T	W	TH	F	Sat	Sun
__	__	__	__	__	__	__

FJH1776

Date: _____

Goal for Every Day: _____

Goal for the Week: _____

Practice Log (minutes practiced every day)

MON.	TUES.	WED.	THUR.	FRI.	SAT.	SUN.	TOTAL

Parent signature (if applicable) _____

Lesson Assignment:

_____
_____
_____
_____
_____
_____

Other Pieces:

_____
_____
_____
_____
_____
_____
_____
_____

Technique:

_____
_____
_____
_____

Theory:

_____
_____

Sight-Reading:

_____
_____

For the Student:

1. My favorite piece(s) this week is/are:

_____
_____
_____

2. I practiced my technique assignment:

M	T	W	TH	F	Sat	Sun
___	___	___	___	___	___	___

Other:

_____
_____
_____

FJH1776

Date: _____

_____

Goal for Every Day: _____

Practice Log (minutes practiced every day)

Goal for the Week: _____

MON.	TUES.	WED.	THUR.	FRI.	SAT.	SUN.	TOTAL

Parent signature (if applicable) _____

Lesson Assignment:

_____

_____

_____

_____

_____

_____

Technique:

_____

_____

_____

_____

Theory:

_____

_____

Sight-Reading:

_____

_____

Other:

_____

_____

_____

Other Pieces:

_____

_____

_____

_____

_____

_____

_____

_____

For the Student:

1. My favorite piece(s) this week is/are:

_____

_____

_____

2. I practiced my technique assignment:

M	T	W	TH	F	Sat	Sun
__	__	__	__	__	__	__

Date: _____   Teacher Comments: _____

_____

Goal for Every Day: _____

Practice Log (minutes practiced every day)

Goal for the Week: _____

MON.	TUES.	WED.	THUR.	FRI.	SAT.	SUN.	TOTAL

Parent signature (if applicable) _____

Lesson Assignment:

_____

_____

_____

_____

_____

_____

Technique:

_____

_____

_____

_____

Theory:

_____

_____

Sight-Reading:

_____

_____

Other:

_____

_____

_____

Other Pieces:

_____

_____

_____

_____

_____

_____

_____

_____

_____

For the Student:

1. My favorite piece(s) this week is/are:

_____

_____

2. I practiced my technique assignment:

M	T	W	TH	F	Sat	Sun
___	___	___	___	___	___	___

FJH1776

Date: _____   **Teacher Comments:** _____

_____

Goal for Every Day: _____

Practice Log (minutes practiced every day)   **Goal for the Week:** _____

MON.	TUES.	WED.	THUR.	FRI.	SAT.	SUN.	TOTAL

Parent signature (if applicable) _____

Lesson Assignment: **Other Pieces:**

_____   _____

_____   _____

_____   _____

_____   _____

_____   _____

Technique: _____

_____   _____

_____   _____

_____

Theory: **For the Student:**

_____   **1. My favorite piece(s) this week is/are:**

_____   _____

Sight-Reading: _____

_____   _____

_____

Other: **2. I practiced my technique assignment:**

_____ | M | T | W | TH | F | Sat | Sun |

_____   ___ ___ ___ ___ ___ ___ ___

Date: _____   **Teacher Comments:** _____

_____

Goal for Every Day: _____

Practice Log (minutes practiced every day)   **Goal for the Week:** _____

MON.	TUES.	WED.	THUR.	FRI.	SAT.	SUN.	TOTAL

Parent signature (if applicable) _____

Lesson Assignment:

_____

_____

_____

_____

_____

Technique:

_____

_____

_____

_____

Theory:

_____

_____

Sight-Reading:

_____

_____

Other:

_____

_____

_____

Other Pieces:

_____

_____

_____

_____

_____

_____

_____

For the Student:

1. My favorite piece(s) this week is/are:

_____

_____

2. I practiced my technique assignment:

M	T	W	TH	F	Sat	Sun
__	__	__	__	__	__	__

Date: _____

Teacher Comments: _____

_____

Goal for Every Day: _____

Practice Log (minutes practiced every day)

Goal for the Week: _____

MON.	TUES.	WED.	THUR.	FRI.	SAT.	SUN.	TOTAL

Parent signature (if applicable) _____

Lesson Assignment:

_____

_____

_____

_____

_____

Technique:

_____

_____

_____

Theory:

_____

Sight-Reading:

_____

Other:

_____

_____

Other Pieces:

_____

_____

_____

_____

_____

_____

_____

For the Student:

1. My favorite piece(s) this week is/are:

_____

_____

_____

2. I practiced my technique assignment:

M	T	W	TH	F	Sat	Sun
__	__	__	__	__	__	__

FJH1776

Date: _____   Teacher Comments: _____

_____

Goal for Every Day: _____

Practice Log (minutes practiced every day)   Goal for the Week: _____

MON.	TUES.	WED.	THUR.	FRI.	SAT.	SUN.	TOTAL

Parent signature (if applicable) _____

Lesson Assignment:

_____

_____

_____

_____

_____

_____

Technique:

_____

_____

_____

_____

Theory:

_____

_____

Sight-Reading:

_____

_____

Other:

_____

_____

_____

Other Pieces:

_____

_____

_____

_____

_____

_____

_____

_____

_____

For the Student:

1. My favorite piece(s) this week is/are:

_____

_____

2. I practiced my technique assignment:

M	T	W	TH	F	Sat	Sun
__	__	__	__	__	__	__

FJH1776

Date: _____   Teacher Comments: _____

_____

Goal for Every Day: _____

Practice Log (minutes practiced every day)   Goal for the Week: _____

MON.	TUES.	WED.	THUR.	FRI.	SAT.	SUN.	TOTAL

Parent signature (if applicable) _____

Lesson Assignment: **Other Pieces:**

_____   _____

_____   _____

_____   _____

_____   _____

_____   _____

_____   _____

Technique: _____

_____   _____

_____   _____

_____

Theory:

_____   **For the Student:**

_____   **1. My favorite piece(s) this week is/are:**

Sight-Reading: _____

_____   _____

_____   _____

Other: **2. I practiced my technique assignment:**

_____   **M   T   W   TH   F   Sat   Sun**

_____   __   __   __   __   __   __   __

FJH1776

Date: _____   **Teacher Comments:** _____

_____

Goal for Every Day: _____

Practice Log (minutes practiced every day)

Goal for the Week: _____

MON.	TUES.	WED.	THUR.	FRI.	SAT.	SUN.	TOTAL

Parent signature (if applicable) _____

Lesson Assignment:

_____

_____

_____

_____

_____

_____

Technique:

_____

_____

_____

_____

Theory:

_____

_____

Sight-Reading:

_____

_____

Other:

_____

_____

Other Pieces:

_____

_____

_____

_____

_____

_____

_____

_____

For the Student:

1. My favorite piece(s) this week is/are:

_____

_____

_____

2. I practiced my technique assignment:

M	T	W	TH	F	Sat	Sun
__	__	__	__	__	__	__

FJH1776

Date: _____   **Teacher Comments:** _____

_____

Goal for Every Day: _____

Goal for the Week: _____

MON.	TUES.	WED.	THUR.	FRI.	SAT.	SUN.	TOTAL

Parent signature (if applicable) _____

Lesson Assignment:

_____

_____

_____

_____

_____

_____

Technique:

_____

_____

_____

Theory:

_____

_____

Sight-Reading:

_____

_____

Other:

_____

_____

Other Pieces:

_____

_____

_____

_____

_____

_____

_____

_____

_____

For the Student:

1. My favorite piece(s) this week is/are:

_____

_____

_____

2. I practiced my technique assignment:

M	T	W	TH	F	Sat	Sun
__	__	__	__	__	__	__

FJH1776

Date: _____   Teacher Comments: _____

_____

Goal for Every Day: _____

| Practice Log (minutes practiced every day) | | | | | | | | Goal for the Week: _____ |

MON.	TUES.	WED.	THUR.	FRI.	SAT.	SUN.	TOTAL

Parent signature (if applicable) _____

Lesson Assignment:

_____

_____

_____

_____

_____

_____

Technique:

_____

_____

_____

_____

Theory:

_____

_____

Sight-Reading:

_____

_____

Other:

_____

_____

Other Pieces:

_____

_____

_____

_____

_____

_____

_____

_____

For the Student:

1. My favorite piece(s) this week is/are:

_____

_____

2. I practiced my technique assignment:

M	T	W	TH	F	Sat	Sun
__	__	__	__	__	__	__

FJH1776

Date: _____ Teacher Comments: _____

_____

Goal for Every Day: _____

Practice Log (minutes practiced every day)   Goal for the Week: _____

MON.	TUES.	WED.	THUR.	FRI.	SAT.	SUN.	TOTAL

Parent signature (if applicable) _____

Lesson Assignment: Other Pieces:

_____   _____

_____   _____

_____   _____

_____   _____

_____   _____

_____   _____

Technique: _____

_____

_____

_____

Theory: For the Student:

_____   1. My favorite piece(s) this week is/are:

Sight-Reading: _____

_____   _____

                                                _____

Other: 2. I practiced my technique assignment:

_____ | M | T | W | TH | F | Sat | Sun |
                                                |---|---|---|----|---|-----|-----|
_____ | __ | __ | __ | __ | __ | __ | __ |

FJH1776

Date: _____　　**Teacher Comments:** _____

_____

Goal for Every Day: _____

Practice Log (minutes practiced every day)　　**Goal for the Week:** _____

MON.	TUES.	WED.	THUR.	FRI.	SAT.	SUN.	TOTAL

Parent signature (if applicable) _____

Lesson Assignment:

_____

_____

_____

_____

_____

_____

Technique:

_____

_____

_____

_____

Theory:

_____

_____

Sight-Reading:

_____

_____

Other:

_____

_____

Other Pieces:

_____

_____

_____

_____

_____

_____

_____

_____

_____

For the Student:

1. My favorite piece(s) this week is/are:

_____

_____

2. I practiced my technique assignment:

M	T	W	TH	F	Sat	Sun
__	__	__	__	__	__	__

Date: _____   **Teacher Comments:** _____

_____

Goal for Every Day: _____

Practice Log (minutes practiced every day)

Goal for the Week: _____

MON.	TUES.	WED.	THUR.	FRI.	SAT.	SUN.	TOTAL

Parent signature (if applicable) _____

Lesson Assignment:

_____

_____

_____

_____

_____

_____

Technique:

_____

_____

_____

Theory:

_____

Sight-Reading:

_____

Other:

_____

_____

Other Pieces:

_____

_____

_____

_____

_____

_____

_____

_____

For the Student:

1. My favorite piece(s) this week is/are:

_____

_____

_____

2. I practiced my technique assignment:

M	T	W	TH	F	Sat	Sun
__	__	__	__	__	__	__

FJH1776

Date: _____   **Teacher Comments:** _____

_____

Goal for Every Day: _____

Practice Log (minutes practiced every day)   **Goal for the Week:** _____

MON.	TUES.	WED.	THUR.	FRI.	SAT.	SUN.	TOTAL

Parent signature (if applicable) _____

Lesson Assignment: **Other Pieces:**

_____   _____

_____   _____

_____   _____

_____   _____

_____   _____

_____   _____

Technique: _____

_____   _____

_____   _____

_____

Theory: **For the Student:**

_____   **1. My favorite piece(s) this week is/are:**

_____   _____

Sight-Reading: _____

_____   _____

_____   **2. I practiced my technique assignment:**

Other: M   T   W   TH   F   Sat   Sun

_____   __   __   __   __   __   __   __

_____

FJH1776

Date: _____   Teacher Comments: _____

_____

Goal for Every Day: _____

Practice Log (minutes practiced every day)   Goal for the Week: _____

MON.	TUES.	WED.	THUR.	FRI.	SAT.	SUN.	TOTAL

Parent signature (if applicable) _____

Lesson Assignment: **Other Pieces:**

_____   _____

_____   _____

_____   _____

_____   _____

_____   _____

_____   _____

Technique: _____

_____   _____

_____   _____

_____

Theory:

_____   **For the Student:**

_____   **1. My favorite piece(s) this week is/are:**

Sight-Reading: _____

_____   _____

_____   _____

Other: **2. I practiced my technique assignment:**

_____   M   T   W   TH   F   Sat   Sun

_____   ___   ___   ___   ___   ___   ___   ___

Date: _____

Teacher Comments: _____

_____

Goal for Every Day: _____

Practice Log (minutes practiced every day)

Goal for the Week: _____

MON.	TUES.	WED.	THUR.	FRI.	SAT.	SUN.	TOTAL

Parent signature (if applicable) _____

Lesson Assignment:

_____

_____

_____

_____

_____

_____

Technique:

_____

_____

_____

_____

Theory:

_____

_____

Sight-Reading:

_____

_____

Other:

_____

_____

Other Pieces:

_____

_____

_____

_____

_____

_____

_____

_____

For the Student:

1. My favorite piece(s) this week is/are:

_____

_____

_____

2. I practiced my technique assignment:

M	T	W	TH	F	Sat	Sun
__	__	__	__	__	__	__

FJH1776

Date: _____   **Teacher Comments:** _____

_____

Goal for Every Day: _____

Practice Log (minutes practiced every day)   **Goal for the Week:** _____

MON.	TUES.	WED.	THUR.	FRI.	SAT.	SUN.	TOTAL

Parent signature (if applicable) _____

Lesson Assignment: **Other Pieces:**

_____   _____

_____   _____

_____   _____

_____   _____

_____   _____

_____   _____

Technique: _____

_____   _____

_____   _____

_____

Theory: **For the Student:**

_____   **1. My favorite piece(s) this week is/are:**

_____   _____

Sight-Reading: _____

_____   _____

_____   **2. I practiced my technique assignment:**

Other: | M | T | W | TH | F | Sat | Sun |

_____   ___ ___ ___ ___ ___ ___ ___

_____

FJH1776

Date: _____   **Teacher Comments:** _____

_____

Goal for Every Day: _____

Practice Log (minutes practiced every day)   **Goal for the Week:** _____

MON.	TUES.	WED.	THUR.	FRI.	SAT.	SUN.	TOTAL

Parent signature (if applicable) _____

Lesson Assignment:

_____

_____

_____

_____

_____

_____

Technique:

_____

_____

_____

_____

Theory:

_____

_____

Sight-Reading:

_____

_____

Other:

_____

_____

Other Pieces:

_____

_____

_____

_____

_____

_____

_____

_____

_____

For the Student:

1. My favorite piece(s) this week is/are:

_____

_____

_____

2. I practiced my technique assignment:

M	T	W	TH	F	Sat	Sun
___	___	___	___	___	___	___

FJH1776

ate: _____   **Teacher Comments:** _____

_____

Goal for Every Day: _____

Practice Log (minutes practiced every day)   **Goal for the Week:** _____

MON.	TUES.	WED.	THUR.	FRI.	SAT.	SUN.	TOTAL

arent signature (if applicable) _____

esson Assignment: **Other Pieces:**

_____   _____

_____   _____

_____   _____

_____   _____

_____   _____

_____   _____

echnique: _____

_____   _____

_____   _____

heory:

_____   **For the Student:**

_____   **1. My favorite piece(s) this week is/are:**

ight-Reading: _____

_____   _____

_____   _____

ther: **2. I practiced my technique assignment:**

_____ | M | T | W | TH | F | Sat | Sun |
                                               |---|---|---|----|---|-----|-----|

_____

Date: _____   **Teacher Comments:** _____

_____

Goal for Every Day: _____

```
Practice Log (minutes practiced every day)
```

Goal for the Week: _____

MON.	TUES.	WED.	THUR.	FRI.	SAT.	SUN.	TOTAL

Parent signature (if applicable) _____

Lesson Assignment:

_____

_____

_____

_____

_____

_____

Technique:

_____

_____

_____

_____

Theory:

_____

_____

Sight-Reading:

_____

_____

Other:

_____

_____

Other Pieces:

_____

_____

_____

_____

_____

_____

_____

_____

For the Student:

1. My favorite piece(s) this week is/are:

_____

_____

_____

2. I practiced my technique assignment:

M	T	W	TH	F	Sat	Sun
___	___	___	___	___	___	___

FJH1776